Le koala

Bienvenue, les koalas !

Deux koalas viennent d'arriver dans un jardin zoologique de Chine. Ils sont vraiment adorables ! Veux-tu savoir comment ils s'appellent ? Et d'où ils viennent ?

Patrick

Sexe : masculin

Né le

8 septembre 1998

En Australie

Qui s'occupe des koalas ?

▲ Les koalas ont un gardien. Il veille à ce que le animaux restent en parfaite santé.

▲ Le jardin zoologique a planté 16 000 eucalyp tus, rien que pour les koalas.

Harley

Sexe : masculin

Né le

26 octobre 1998

En Australie

Patrick et Harley viennent d'Australie. ▲▶

▲ Le gardien sélectionne les pousses d'eucalyptus les plus tendres.

▲ C'est ici que vivent les koalas. Lorsqu'il fait beau, ils peuvent jouer dehors.

Au pays des koalas

Les koalas vivent dans les régions sauvages de l'Australie.
Ce pays lointain compte des milliers de koalas.
Veux-tu faire la connaissance de ces animaux ravissants ?
Accompagne-nous !

▲ Nous sommes ici dans un parc animalier d'Australie où vivent de nombreux koalas.

▲ Les koalas ne se rencontrent qu'en Australie. C'est un immense pays. Le nord est plus chaud que le sud. Les koalas qui vivent dans le nord ont un pelage gris clair. Dans le sud, leur pelage est brun.

De bons grimpeurs

Les koalas vivent dans les arbres.
Pas dans les chênes ou les hêtres,
mais dans les eucalyptus.
Ce sont d'excellents grimpeurs,
mais ils se déplacent très lentement.

▲ Le nez du koala est plat, mais très sensible.

Ses grandes oreilles sont très velues.

▲ Il n'a pas de queue.

Une fourrure chaude et épaisse

Le joli pelage des koalas est très doux.
Il est très épais et très chaud.
Il les protège du vent et du froid.
En hiver, il s'épaissit encore.
Le pelage est plus foncé sur le dos que sur le ventre.

▲ La pluie a mouillé mon pelage !

Approche-toi ! Vois-tu mon épaisse fourrure ?

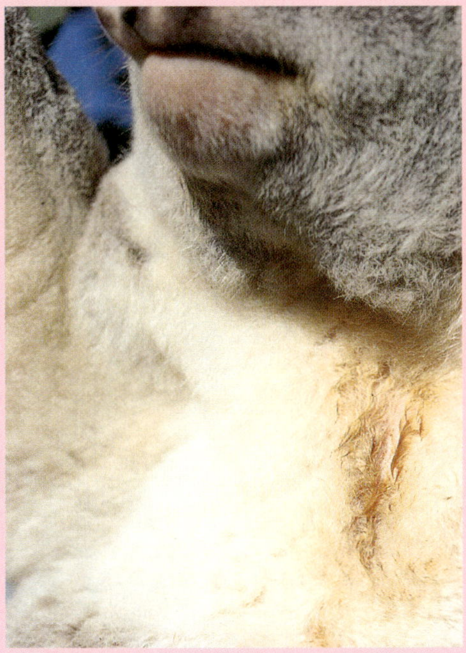

▲ Le pelage de mon ventre est blanc.

▲ J'ai toujours bien chaud !

Je m'ébroue parce que je déteste être mouillé.

▲ Voilà, je suis sec.

▲ La fourrure de mon derrière est encore plus épaisse. Je peux m'asseoir confortablement.

Une vie au ralenti

Les koalas se déplacent lentement.
Pourquoi se dépêcheraient-ils ?
Ils font tout à leur aise.
Ils restent parfois plusieurs jours dans leur arbre.
Ils y mangent et y dorment.
Ils en descendent rarement.

▲ Un coup de pompe ! Je bâille !

▲ Et si je faisais une petite sieste ?

▲ Je ferme simplement les yeux…

▲ J'adore me prélasser dans mon arbre.

Mais qu'est-ce que je sens ? Rien, fausse alerte…

Des animaux nocturnes

Les koalas dorment la majeure partie de la journée.
Ils choisissent un endroit au sommet d'un arbre. Ils s'endorment sur une grosse branche. Mais ils se réveillent au moindre bruit.

▲ Le koala dort. N'a-t-il pas peur de tomber de son arbre ?

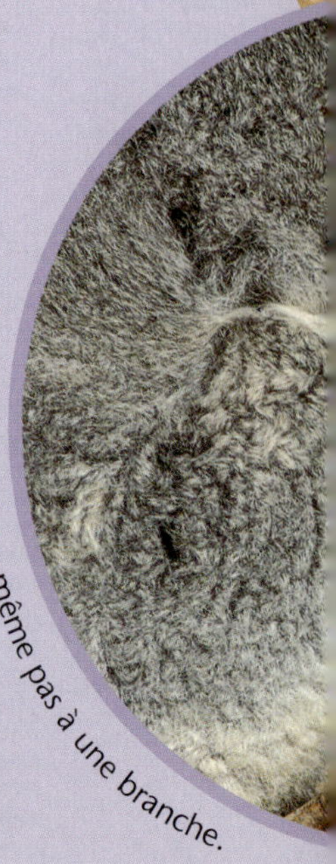

▲ Il ne s'agrippe même pas à une branche.

▼ Ce koala s'est endormi sur une branche fourchue.

▼ Rêverait-il ?

▲ Dors, petit koala, dors…

▼ Le koala dort plus de 10 heures par jour.

Que mangent-ils ?

Les koalas sont extrêmement difficiles.
Ils se nourrissent exclusivement de feuilles d'eucalyptus.
Ils les sélectionnent soigneusement.
Ils les dégustent complètement.

◀ Les dents infé rieures du koa sont très longues.

▲ Il existe de nombreuses espèces d'eucalyptus. Toutes ne conviennent pas au régime alimentaire des koalas.

▲ Le koala a un excellent odorat. Il hume les feuilles les plus appétissantes.

▲ Le koala choisit les pousses les plus tendres. Ce sont les plus juteuses.

▲ Toutes les feuilles de l'eucalyptus n'ont pas le même goût.

▲ Les koalas boivent très peu. Les feuilles contiennent beaucoup d'eau.

▲ Mmmm… c'est délicieux !

▲ Le koala mange en moyenne un demi-kilo de feuilles par nuit.

▲ Les excréments du koala sont bleuâtres.

Les koalas sont arboricoles

Les koalas vivent constamment dans les arbres.
Ils n'en descendent que très rarement.
S'ils quittent leur arbre, c'est pour regrimper dans un autre.
Si cet arbre est déjà habité par un autre koala, la bagarre éclate.

◀ Le koala ne veut pas partager son arbre avec un congénère. « Déguerpis ! »

▲ Le koala descend rarement de son arbre, si ce n’est pour remonter dans un autre.

▲ Le koala sautille comme un lapin.

D'excellents grimpeurs

Les koalas n'ont pas le vertige.
Ils grimpent jusqu'au sommet des arbres.
Ils parcourent les branches,
qu'elles soient fines ou épaisses.
Ils se déplacent d'une branche à l'autre.
Mais ils tombent rarement.

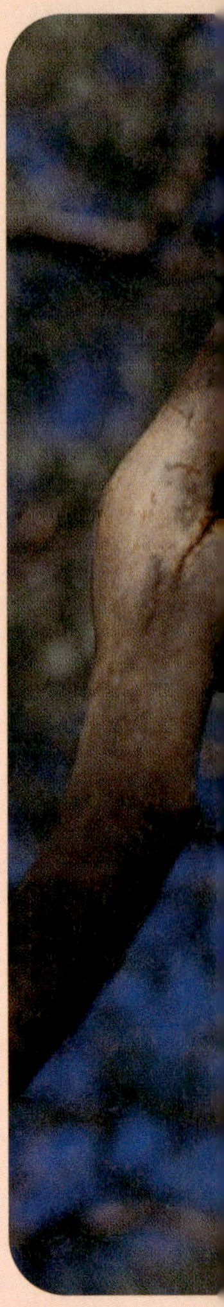

▲ « Regarde, je suis un véritable acrobate ! »

▲ « Oses-tu passer sur cette branche ?
Moi, oui ! »

Des griffes acérées

Les pattes antérieures du koala possèdent 5 doigts et les pattes postérieures 5 orteils. Ces longs doigts et orteils sont terminés par des griffes acérées.
Le koala s'en sert pour escalader les arbres.
Il plante ses griffes dans l'écorce… et se hisse vers le sommet.

▲ Ses doigts et ses griffes lui permettent de s'agripper fermement.

▲ Le deuxième et le troisième orteil de chaque pied sont soudés.

Le koala a des pattes antérieures très robustes qui le hissent au sommet des arbres.

▲ Il peut écarter les doigts largement.

▲ La peau des mains et des pieds est rugueuse.

Des marsupiaux

Les femelles ont une poche ventrale, dans laquelle elles portent leur bébé. La poche est délicieusement chaude. Le bébé y séjourne durant 5 mois. Ensuite, il quitte sa maman. Il existe de nombreuses espèces de marsupiaux. À la page suivante, tu en découvres quelques-unes.

▲ Maman Koala. Sa poche ventrale contient un bébé.

▲ Jetons un coup d'œil dans cette poche.

▲ Un écureuil marsupial

▲ Un kangourou des montagnes

▲ Le kangourou géant rouge

▲ Le diable de Tasmanie

▲ Le rat kangourou

▲ Un wombat